NOS ADIEUX

A LA CHAMBRE DES DÉPUTÉS

DE L'AN 1830,

OU

ALLEZ-VOUS-EN,

VIEUX MANDATAIRES;

PAR

LE PÈRE GÉRARD,

PATRIOTE DE 1789, ANCIEN DÉCORÉ DE LA PRISE DE LA BASTILLE.

DÉDIÉS

AUX ÉLECTEURS DE PARIS
ET DE TOUTE LA FRANCE.

PRIX : 60 CENT.

A PARIS,

CHEZ LES LIBRAIRES DU PALAIS-ROYAL,
ET TOUS LES MARCHANDS DE NOUVEAUTÉS.

1831

NOS ADIEUX

A LA CHAMBRE DES DÉPUTÉS

DE L'AN 1830,

OU

ALLEZ-VOUS-EN,

VIEUX MANDATAIRES;

PAR

LE PÈRE GÉRARD,

PATRIOTE DE 1789, ANCIEN DÉCORÉ DE LA PRISE
DE LA BASTILLE.

DÉDIÉS

AUX ÉLECTEURS DE PARIS
ET DE TOUTE LA FRANCE.

PRIX : 60 CENT.

A PARIS,

CHEZ LES LIBRAIRES DU PALAIS-ROYAL
ET TOUS LES MARCHANDS DE NOUVEAUTÉS.

1831

IMPRIMERIE DE DAVID,
Boulevard Poissonnière,

AU PEUPLE.

Le père Gérard, comme vous le savez, braves gens, fut un honnête patriote de 89, qui publia, non pas de gros livres, mais de petits écrits destinés à l'amusement et surtout à l'instruction du peuple. Il avait fait d'assez bonnes études; il était malin, homme de sens, et ne se laissait pas séduire par de belles paroles; de sorte que, lorsqu'il découvrait quelques manigances faites contre le peuple par les hommes qui sont payés pour le rendre heureux, il prenait aussitôt la plume pour expliquer clairement la chose; il n'engageait pas les gens à s'attrouper, à crier dans les rues; car ce sont des jeux d'enfans qui ne mènent à rien; mais il leur disait : Faites vos plaintes comme des hommes doivent le faire : si mauvaises que soient les lois d'un pays, l'opprimé peut toujours se faire entendre; celui qui ne réclame que ce qui est juste peut avoir la parole haute et le regard assuré, et si on ne l'écoute pas, il a le droit de chansonner les fonctionnaires sourds et mal avisés: les Richelieu, les Mazarin n'ont point échappé aux noëls dont on chantait les refrains sur la Place-Royale, et jusque sous les portes du Louvre.

Du temps de l'empire, le père Gérard a gardé le silence ; on parlait trop souvent de la gloire pour qu'il fût question de la liberté.

Pendant la restauration, on parlait trop

souvent du droit divin pour qu'on s'occupât d'autre chose.

Enfin le peuple, qui n'avait pas donné sa démission, comme l'a dit un jour un patriote mal avisé, le peuple s'est réveillé, et en trois jours l'affaire a été bâclée.

En revoyant le drapeau tricolore, en entendant crier de toutes parts *vive la liberté!* le père Gérard a failli mourir de joie. Mais, il faut le dire, cette joie a été de peu de durée. D'un côté, les gens de l'empire, de l'autre, les gens de la restauration n'ont pas fait de la nouvelle charte une bien grande vérité, et les députés nommés par les électeurs de Charles X et les pairs de France choisis par Louis XVIII, tous ces gens-là n'étaient pas propres à la rendre plus véridique. De compte fait dans cette grande révolution, nous n'avons eu jusqu'à présent qu'un seul grand fonctionnaire à l'essai, c'est le roi Philippe; il s'est donc trouvé seul contre tous, et s'il n'a pas fait tout le bien qu'il désire, rien n'est encore perdu, puisque les électeurs vont user du droit qu'ils ont de changer les conseillers. Le moment est donc décisif pour le bonheur de la France; et si le père Gérard n'est plus d'âge à entrer dans la fabrication de ces longs journaux, où le peuple ne comprend pas grand chose, car on y embrouille les questions les plus claires, le père Gérard offre à ses lecteurs populaires la Biographie chantante de nos députés, et plus tard celle de nos ministres, braves gens d'ailleurs, qui n'ont pas mal fait leurs affaires, tout en dérangeant les nôtres.

Le père GÉRARD.

NOS ADIEUX

A LA CHAMBRE DE 1830.

AIR : *Allez-vous-en, gens de la noce.*

Votre insupportable éloquence,
Neuf mois nous fit gémir assez.
Il était bien temps que la France
Vît tous ses sauveurs enfoncés.
Allez-vous-en, vieux mandataires,
Allez-vous-en chacun chez vous !

Vous avez pris toutes les places ;
Après vous, il ne reste rien,
Et nous voyons, heureux paillasses,
Que vous voulez tous notre bien.
Allez-vous-en, etc.

Blin de Bourdon et Lardemelle,
Bois-Bertrand, Noaille et Berryer,
Votre collége vous appelle,
Les électeurs vont vous crier :
Allez-vous-en, etc.

Cachez votre figure blême,
Vous avez trop versé de pleurs
Sur la duchesse d'Angoulême
Et sur les bons rois mitrailleurs.
Allez-vous-en, etc.

Vous aurez beau vous mettre en quatre,
Pour vous plus de majorité,
Et l'électeur saura rabattre
Votre goût pour l'hérédité.
Allez-vous-en, etc.

Monsieur Périer, ta présidente
Ne fut qu'intrigue et que rumeur :
Tu n'étais pas à la séance
Un garçon de bien bonne humeur.
Allez-vous-en, etc.

Si Viennet fut par son manége (1)

(1) Viennet n'a pas toujours voté avec le juste-milieu ; ainsi il n'aura satisfait ni les centres ni les patriotes. Gare les élections ! C'est lui qui a empêché notre Benjamin de *traverser* l'Académie. Sa vanité lui fera commettre encore bien d'autres fautes.

De Constant l'heureux substitut,
A Béziers, le petit collége
Votera mieux que l'Institut.
Allez-vous-en, etc.

Salvandy, défenseur des Suisses (1),
A presque vanté Trestaillon ;
Il s'est mis dans les écrevisses,
On doit le mettre au courtbouillon.
Allez-vous-en, etc.

L'argent fait tout, a dit Gridaine (2) :
Le drapier veut des majorats ;
On lui dira, dans les Ardennes,
Tu t'es mis dans de mauvais draps.
Allez-vous-en, etc.

Gaëtan, qui se désespère (3),
Pleure les croix, pleure les lys.
Il n'est pas digne de son père :

(1) Les personnes qui connaissent la naissance de M. Salvandy, prétendent qu'il ne lui appartenait pas de maltraiter le *menu populaire.*

(2) M. Cunin-Gridaine a parlé contre l'abaissement du cens électoral. C'est un marchand de drap qui, semblable à M. Guillaume de *l'Avocat patelin*, n'a jamais rien inventé qu'avec son teinturier.

(3) C'est le fils de l'honorable Larochefoucauld-Liancourt.

Voilà ce qu'on dit à Senlis.
Allez-vous-en, etc.

Le gros Méchin souffle et soupire ;
Il a bavardé sans esprit.
Ce n'est qu'un préfet de l'empire,
Et tout son empire est détruit.
Allez-vous-en, etc.

Renard, député de Marseille,
N'a rien dit pour la liberté ;
Aux électeurs, moi, je conseille
De dire au jeune député :
Allez-vous-en, vieux mandataire, etc.

Monsieur Jars prêcha plus d'un prône
En l'honneur du juste-milieu,
Et déjà l'électeur du Rhône
Lui prépare un dernier adieu.
Allez-vous-en, etc.

L'avocat Barthe eut la simarre
En se réveillant en sursaut ;
Mais un beau jour, ainsi qu'Icare,
Il pourra faire un fameux saut.
Allez-vous-en, etc.

Agier, tout fier de sa cocarde,
Marmier, deux pauvres orateurs,
Vont bientôt descendre la garde

Sous le feu de nos électeurs.
Allez-vous-en, etc.

Guizot, grand professeur d'histoire,
On va rabattre ton caquet.
Vatisménil, réquisitoire,
Tu retourneras au parquet.
Allez-vous-en, etc.

Salins, pauvre ville de France,
A vu son dernier toit roussi;
Plus grande encor fut sa souffrance
En prenant l'homme de Bercy. (1)
Allez-vous-en, etc.

Lameth, avec sa peur panique,
Parle comme un spectre aux abois;
Il rêve tant la république,
Qu'il a dit : « Deux et deux font trois. »
Allez-vous-en, etc.

Royer-Collard, par ses manéges,
N'est plus qu'un carliste importun;
Il eut les voix de huit colléges :

(1) L'abbé Louis, grand destituteur en 1815, tripote encore nos finances en 1831. Il a commencé sa fortune dans les entrepôts de Bercy, et Dieu sait comment!... Ce marchand de vins et d'opinions frelatés est aujourd'hui baron. C'est le plus grand ennemi des patriotes.

Maintenant en aura-t-il un?
Allez-vous-en, etc.

Au parlage anti-patriote,
L'électeur ne dit jamais bis,
Et va traiter d'Iscariote
Monsieur le chevalier Berbis.
Allez-vous-en, etc.

Bien qu'il s'échauffe en une serre,
Et qu'il parle sur tous les tons,
Engageons Poyferré de Cerre (1)
A retourner à ses moutons.
Allez-vous-en, etc.

Faut-il une bouche éloquente
Pour bâiller au juste-milieu?
Duboys d'Angers, ta voix tonnante (2)
Dans l'assemblée a fait long-feu.
Allez-vous-en, etc.

(1) Ce député est surnommé depuis long-temps le *berger impérial*. Napoléon l'avait nommé chef des mérinos. Depuis, il n'a fait que bêler dans les centres, et, une fois, à la tribune, contre les journalistes : il les fit chasser de leur place.

(2) Ce député est celui que l'empereur choisit pour prononcer le fameux discours du Champ-de-Mai. Il a une voix de Stentor; mais il ne s'est pas enrhumé à la chambre de 1830. Il s'est borné à faire placer ses parens, ses amis et connaissances, sans s'oublier lui-même.

Sébastiani, ta renommée
S'en va tout à fait à vau-l'eau;
Tu ne rappelles plus l'armée :
Tu ne rappelles qu'un tonneau.
Allez-vous-en, etc.

Monsieur Baron, grand personnage,
Quinze ans aux chambres fut porté :
Grasse va le laisser en gage,
En gage au Mont-de-Piété.
Allez-vous-en, etc.

André, du Rhin, avec rudesse (1),
Traite nos journaux quotidiens;
Il donne un soufflet à la presse,
Rendez-le lui, bons Alsaciens.
Allez-vous-en, etc.

Amiens doit rendre enfin justice
Au muet qui si bien feignit,
Et renvoyer à la police
Le haut baron de Rumigni (2).
Allez-vous-en, etc.

Pendant trente ans Favard-Langlade
Ne fut qu'un député tori,
Et pour cet orateur maussade

(1) Voyez son rapport sur la loi de la presse.
(2) L'affaire Cavaignac et Trélat.

Issoire fut un bourg-pourri (1).
Allez-vous-en, etc.

Monsieur Gautier crie au scandale (2),
Et voit la presse tout en noir.
Bordeaux que l'urne électorale
Montre un quatrième pouvoir.
Allez-vous-en, etc.

Delessert paraît sans malice,
Mais il est brutal à l'excès ;
Il est poli comme un gros Suisse,
Il parle suisse à des Français.
Allez-vous-en, etc.

Persil, amateur des menottes (3),
Nous fit appréhender au corps ;
Il mit dedans les patriotes,

(1) Cette petite ville du département du Puy-de-Dôme renferme des patriotes énergiques; mais à aucune époque elle n'a pu se débarrasser du sieur Favard, qui se fait appeler Langlade, du nom d'une terre.

(2) M. Gautier est le grand restaurateur de Bordeaux, l'homme du 12 mars. Comment pouvait-il s'attacher à la victoire qui renversait la famille qu'il avait défendue toute sa vie!

(3) Tout a été dit sur M. Persil. En quelque mois, il a dépassé la célébrité des Bellart et des Marchangy, le talent excepté. Condom est le nom de la ville qui nous a fait le triste cadeau de ce député.

Condom va le mettre dehors.
Allez-vous-en, etc.

Villèle a perdu la pairie,
Il s'agite encore en tous sens ;
Mais Toulouse aime la patrie.
Qui veut nommer un des trois cents?
Allez-vous-en, etc.

Le baron Laugier, maire d'Arles,
Parmi nous peut-il être admis?
Le bon ami du bon roi Charles
Peut-il rester de nos amis?
Allez-vous-en, etc.

Saint-Criq tripote à la douane
Et rêve de nouveaux impôts.
Son ami Duvergier-d'Hauranne,
Tous deux ont besoin de repos.
Allez-vous-en, etc.

Les électeurs livrent bataille
Aux bons carlistes de l'Hérault ;
A Montpellier, monsieur Pataille
Ne servira plus de héraut.
Allez-vous-en, etc.

Lunéville est cité guerrière,
Et se rappellera, dit-on,
Qu'elle doit porter en bannière

Un coq, et non pas un mouton (1).
Allez-vous-en, etc.

D'une période éternelle
Lyon nous fit le don fatal,
Et doit laisser monsieur *Prunelle* (2)
De service à son hôpital.
Allez-vous-en, etc.

Nous avons trop vu la grimace
De tous les hommes de château;
Laissons avec leur garde-chasse
Messieurs Clarac et Rambuteau.
Allez-vous-en, etc.

Les Provencaux que l'on renomme
De leurs choix ne seront pas fiers;
Ils avaient cru nommer un homme,
Mais ils n'avaient nommé qu'un Thiers (3).
Allez-vous-en, etc.

(1) M. le comte Lobau, ou Mouton tout court, est député de Lunéville. Ses derniers exploits à la place Vendôme refroidiront les électeurs lorrains.

(2) M. Prunelle, maire de Lyon, est un médecin. On s'en est aperçu à ses discours mélangés de mots pharmaceutiques. Le docteur voulait traiter ses collègues comme des malades. Il avait raison, mais ce n'était pas à lui qu'il appartenait de les guérir.

(3) Ce petit homme, député d'Aix en Provence, ne mérite point les reproches des carlistes de cette ville.

Bertin-de-Vaux par sa gazette
Ne fait qu'un méchant bachanal.
Versaille a sonné la retraite
Du rédacteur et du journal.
Allez-vous-en , etc.

Montbrisson n'aime pas la fraude ,
Les électeurs le prouveront ;
Des éperons de monsieur Baude (1)
Les électeurs se souviendront.
Allez-vous-en , etc.

Badigeonneur de notre Charte,
Qu'est devenu monsieur Bérard ?
Il ne dit mot ; perd-il la carte ?
Les canaux l'engraissent à lard.
Allez-vous-en , etc.

Benjamin meurt ; sans espérance
Il voit nos droits à leur déclin.
Est-ce pour consoler la France

Secrétaire des finances, il n'a pas rendu service à un seul patriote, et s'entendait à merveille avec l'abbé Louis, leur plus grand ennemi.

(1) Éperonné comme un coq, M. Baude, innocent préfet de police, se rendit à la Chambre pour la rassurer contre une conspiration. Les soi-disant conspirateurs ne sortirent des carrières que pour se griser au cabaret. M. Baude en fut pour sa toilette militaire.

Que l'Alsace nomme Athalin ? (1)
Allez-vous-en, etc.

Madier-Monjau, grand escocriffe, (2)
N'a plus qu'un esprit très-bouché ;
Il a tant hurlé sur l'affiche
Que lui-même s'est affiché.
Allez-vous-en, etc.

Mestadier, bavard sans logique (3),
Amende, amende à tout moment,
Et notre urne patriotique
L'oubliera par amendement.
Allez-vous-en, etc.

Nommez au bord de la Garonne
Un éligible à cinq cents francs,
Car l'oiseau Jay nous abandonne (4),
Et nous voulons des gascons francs.
Allez-vous-en, etc.

(1) Si M. Athalin avait remplacé un autre député que Benjamin Constant, on ne s'en serait pas aperçu.

(2) Voyez la séance où il a joué à la tribune une scène de mélodrame, une affiche à la main.

(3) Voilà encore un député et un juge inamovibles. Il serait bien temps que les électeurs nous débarrassassent au moins de la double inamovibilité !

(4) M. Jay rédacteur du *Constitutionnel*, député de Libourne, n'a siégé que huit jours, et ce ne sera pas pour lui la grande semaine, car il s'est déclaré le champion du juste-milieu.

D'un avocat plein de rancune
L'Yonne va donc se purger.
Jacqueminot de Pampelune (1)
N'accusera plus Béranger.
Allez-vous-en, etc.

Ce bon monsieur de Ribeyrole
S'attaquant au brave Marschal,
N'a pris qu'une fois la parole,
Encore a-t-il parlé fort mal.
Allez-vous-en, etc.

Aussi bon préfet de la Seine
Qu'orateur du juste milieu,
A monsieur de Bondi, sans peine,
Les électeurs diront adieu.
Allez-vous-en, etc.

En gardant son préfet novice,
Aubernon parleur entêté (2),
Versailles rend un grand service

(1) En buvant leur excellent vin de Bourgogne, les électeurs d'Auxerre chantent Béranger. Renommeront-ils l'homme qui fit mettre notre grand poète en prison ?...

(2) Nommé après les trois jours par le collége de Draguignan (Var), ce député, parent de M. Lafitte, a parlé aussi mal qu'il a voté. Il a persécuté les associations patriotiques; il n'a protégé que les carlistes, et s'est fait encenser dans son église comme un nouveau seigneur de village.

Aux amis de la liberté.
Allez-vous-en, etc.

Humann était de bonne pâte,
Strasbourg avait un bon sujet,
Mais il paraît que l'on se gâte
En tripotant dans le budjet.
Allez-vous-en, etc.

Baron de nouvelle fabrique (1)
Pierre-Feu n'est pas un malin.
Toulon apprête sa musique
Pour honorer cet ex-vilain.
Allez-vous-en, etc.

Châteaudouble a pris tous les rôles (2),
Tout son esprit est d'émarger.
Les bonnes prunes de Brignoles,
Il ne pourra plus les manger.
Allez-vous-en, etc.

Soutien de la liste civile

(1) Grand dénonciateur en 1815, M. Auran de Pierrefeu, député de Toulon, a été nommé baron sous la restauration.

(2) Paul de Châteaudouble est député de Brignoles, dont il a fait son bourg-pourri depuis 1815. Il est aujourd'hui sous-directeur de la caisse d'amortissement. Homme de tous les centres, il mange au budget comme tous ses honorables collègues du juste-milieu.

Monsieur Thil orateur gratis (1),
Veut que l'on paie à domicile
Les favoris de Charles dix.
Allez-vous-en, etc.

On a parlé d'un sacrilége
A Tournon résonne le glas,
Et le président du collège
Dit au jeune Boissy d'Anglas (2) :
Allez-vous-en, etc.

Blois connaît bien notre misère.
A l'homme sec, au cœur d'airain,
Au sieur Pelet de la Lozère
On répétera ce refrain :
Allez-vous-en, etc.

Du gros banquier bien impassible
Qui pour lui toujours votera,
Du sieur Durand l'inamovible (3),

(1) Voyez son rapport sur la liste civile, M. Thil a proposé de ne point réviser les pensions de 250 fr.; ce sont précisément celles dont jouissent encore les chouans de Bretagne et les verdets du Midi.

(2) A peu d'exceptions près les jeunes députés ont voté avec le juste milieu, et ont fait la cour aux ministres pour en obtenir des places. M. Boissy d'Anglas est de ce nombre. Les électeurs lui en ont fait un reproche public.

(3) M. Durand a deux frères banquiers, l'un à Mar-

Perpignan nous délivrera.
Allez-vous-en, etc.

Monsieur de Leyval, vieux carliste
Fut tantôt blanc, et tantôt brun.
Clermont va rayer de sa liste
Ce bourbonien deux-cent vingt-un.
Allez-vous-en, etc.

Le grand chef de nos catacombes,
Le sieur Héricart de Thury,
Ira s'égayer dans ses tombes
Près du vieux saule Kératry (1).
Allez-vous-en, etc.

Par des mesures salutaires
Tout en l'honneur du vieux Bourbon,
On va renvoyer dans ses terres
Monsieur le marquis de Cambon.
Allez-vous-en, etc.

De Quélen crie au sacrilége (2),

seille, l'autre à Montpellier. Les trois frères députés,
ont toujours voté et braillé dans les centres.

(1) M. Kératry a renié en quelques mois une belle
et bonne opposition de quinze années. Il n'est pas le
seul rédacteur du *Courier* auquel le pouvoir ait tourné
la tête.

(2) C'est le frère de l'archevêque de Paris. Il a enfin
monté à la tribune pour pleurer les misères de Monsieur de Paris, et tous les centres de s'écrier : le pauvre
homme!

Et pour consoler le pleurard,
On lui mande de son collége
Une lettre de *faire part.*
Allez-vous-en, etc.

Pauvre Chilhaud la Rigaudie (1) !
Tu n'as plus d'huile en ton flacon.
Qui nous rendra ta parodie,
Ta queue et ton accent gascon ?
Allez-vous-en, etc.

Bizen Lézard change de vote,
Et c'est presqu'un petit Brutus ;
Mais qui peut voir un patriote
Dans le serviteur des pointus (2)?
Allez-vous-en, etc.

Destournel a tendu la patte (2),
Cambrai ne veut plus du souplet;
On en a fait un diplomate,

(1) Ce ventru, président d'âge, disait ingénuement que la Chambre ne pourrait pas s'ouvrir sans lui.

(2) Ce parti ainsi nommé par le *Journal des Débats* parce qu'il faisait une pointe du côté droit, avait pour chef M. de la Bourdonnaie.

(3) Ce député, l'un des meneurs de la réunion Lointier, et qui n'avait jamais été employé dans la diplomatie, vient d'accepter une modeste place d'ambassadeur dans la Colombie.

Bon voyage, cher Dumolet.
Allez-vous-en, etc.

Sir Arthur de la Bourdonnaie (1)
En vain vous mendiez nos voix,
Passez, on n'a pas de monnaie :
D'Henri V cherchez le pavois.
Allez-vous-en, etc.

Lemore, grand voteur du centre (2),
Est religieux à l'excès.
Tout au ministre et tout au ventre,
C'est un chevalier français.
Allez-vous-en, etc.

Monsieur Lefèvre a la folie
D'enfler un budget indiscret ;
Nos charges il les multiplie,
Et tous nos droits il les soustrait.
Allez-vous-en, etc.

Chef de la Banque, et plus terrible,
Odier nous semble encor plus grec,
Autant qu'un chiffre il est sensible,
Comme un chiffre il a le cœur sec.
Allez-vous-en, etc.

(1) Paris retentissait encore des cris des blessés de juillet lorsque ce député a osé parler de la bonté de Charles X.

(2) M. Lemore, député, est un bon homme légitimiste incarné.

Messager du duc d'Angoulême,
Et pour Charle implorant merci ;
Dans les trois jours on vit tout blême
Ce pauvre monsieur de Sussi (1).
Allez-vous-en, etc.

A Digne les baigneurs malades
Au collége vont le convier.
Le pavé de nos L ricades
Devait mettre à nu le Gravier (2).
Allez-vous-en, etc.

L'électeur prendra sa revanche
Avec Esnouf, brave escargot,
Et ne mettra plus dans sa manche
Le mari de madame Angot (3).
Allez-vous-en, etc.

(1) Après les trois jours M. de Sussi vint proposer à l'Hôtel-de-Ville et de la part de Charles X, le rapport des ordonnances et un nouveau ministère dont M. de Mortemart et M. Casimir Perrier faisaient partie : l'un est ambassadeur, l'autre est ministre. M. de Sussi a eu tort de pleurer.... rien n'est changé.

(2) M. Gravier, député de Digne et propriétaire des Bains, s'est fait donner la place de caissier de l'amortissement : c'est ainsi que les ventrus de la restauration faisaient les affaires des autres.

(3) M. Angot et son collègue Esnouf, députés de Cherbourg, n'ont jamais eu la maladresse de se brouille avec aucun ministre.

Electeur, le pays t'implore,
Ne nomme plus d'hommes en gnac.
Martignac, Mayrinhac encore
Sans oublier Monsieur Preissac.
Allez-vous-en, etc.

Enfin la France libérale
Aux deux-cent-vingt disant adieu,
D'un coup de cloche électorale
Va briser le juste milieu.
Allez-vous-en, etc.

A la Pologne, à l'Italie
La France offrant son bras nerveux,
Doit se défaire d'une lie
Qui corrompt son sang généreux.
Allez-vous-en,

Brave Dupont, bon Lafayette,
Un tel refrain n'est pas pour vous.
La France entière vous répète
Patriotes, veillez pour tous.
Grands citoyens, chefs populaires
Nous vous nommons, défendez-nous.

FIN.

www.ingramcontent.com/pod-product-compliance
Lightning Source LLC
Chambersburg PA
CBHW070524050426
42451CB00013B/2846